Disney
LA REINE DES NEIGES

Cherche et Trouve

Après qu'Elsa jette accidentellement un éclair blanc dans la chevelure de sa soeur, le roi a peur qu'elle fasse du mal à Anna. Elsa décide de s'éloigner d'Anna pour ne plus la blesser. Mais Anna n'est pas au courant de cela et ne comprend pas pourquoi sa sœur ne veut plus jouer avec elle. Cherche ces jouets qu'Anna aimerait partager avec sa sœur :

des cônes glacés

une maison de poupée

une corde à sauter

un jeu d'échec

os de poulet porte bonheur

ces poupées

Une fois qu'ils découvrent les pouvoirs glacés d'Elsa, les habitants commencent à avoir peur. De peur de blesser quelqu'un, Elsa préfère partir du château. Alors qu'elle s'enfuit, examine la cour pour découvrir ces oeuvres glacées :

ce drapeau

cette lanterne givrée

cette fontaine

cette sculpture sur glace

cette autre sculpture sur glace

cette pierre

Anna escalade la montagne pour retrouver sa sœur. Rapidement, elle réalise qu'elle a besoin d'aide. Un montagnard nommé Kristoff semble pouvoir lui venir en aide. Fouille le comptoir de Oaken pour prendre ce matériel dont elle aura aussi besoin :

- ce pull
- ce grappin
- cette pierre à briquet
- cette paire de bottes
- cette corde
- ce télescope
- ce pic à glace

Anna trouve finalement sa sœur. Mais lorsqu'elle demande à Elsa de rentrer, celle-ci refuse. Elle ne veut pas retourner à Arendelle où les gens ne l'acceptent pas comme elle est. Pendant qu'Elsa crée un bonhomme de neige nommé Guimauve, trouve ces autres objets de glace qu'elle a réalisés :

L'été est enfin de retour à Arendelle ! Pour le remercier de l'avoir aidée, Anna offre à Kristoff un traineau tout neuf ainsi que des provisions. Elle a même pensé à acheter des carottes pour Sven ! Fouille dans la ville pour ramener ces autres objets dont Sven aura peut-être besoin :

- un licol
- un seau d'eau
- une pomme
- une paire de lunettes de montagne
- une couverture
- des raquettes

Va jouer avec les deux sœurs dans la neige pour trouver de quoi décorer un bonhomme de neige :

- une carotte pour le nez
- un morceau de charbon
- une branche pour un bras
- cette paire de gants
- ce gros bouton
- ce bonnet

Sautille jusqu'aux scènes où les sœurs grandissent et cherche ces objets avec lesquels Anna joue toute seule :

- un tricot en cours
- une guitare
- un yoyo
- un livre
- ce tricycle
- une balançoire

Les visiteurs d'Arendelle ne voyagent pas légers ! Marche jusqu'aux docks pour trouver ces provisions :

- cette caisse de pommes
- cette meule de fromage
- cette caisse de pommes de terre
- cette balle de foin
- ce sac de farine
- ce tonneau de hareng mariné

Alors qu'Elsa s'enfuit, cherche ces citoyens effrayés :

Retourne au comptoir de Oaken pour acheter ces souvenirs trolls qui sont à vendre :

Reviens en courant vers les loups, et identifie ces traces d'animaux dans la neige :

Ours
Élan
Renard polaire
Bœuf musqué
Castor
Cheval

Retourne dans l'éblouissant palais de glace d'Elsa pour admirer ces créations glacées uniques :

Promène-toi dans les rues d'Arendelle pour rencontrer ces six paires de sœurs :

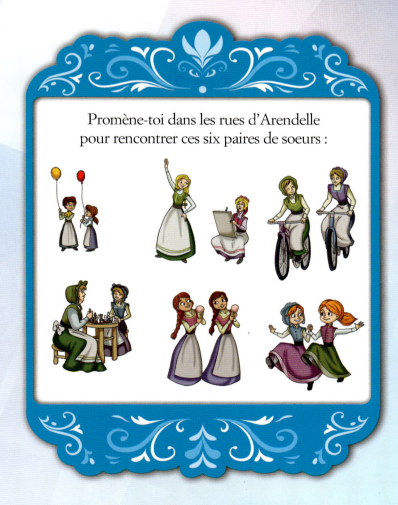